卵も乳製品も使わない

体にやさしい
クリームのおやつ

今井ようこ

文化出版局

はじめに

「子どもに白いクリームのケーキを食べさせてあげたくて」と、
いちごショートケーキを作る講座に参加してくださったお母さまがいらっしゃいました。
お子さんには乳製品のアレルギーがあり、白いケーキを食べてみたいのに食べられないと。
その日、豆腐クリームで覆われた、いちごののったショートケーキを持ち帰ったところ、お子さんはとても喜んで、
おいしい、おいしいと笑顔で食べてくれたそう。そんなご報告をいただき、私もとてもうれしく思いました。

教室に来られる生徒さんの中にはこのような方が多く、豆腐、メープルシロップ、
バニラビーンズで作る豆腐クリームを、日々のお菓子作りに活用してくださっています。
豆腐クリームは、基本の豆腐バニラクリームのほか、豆腐ココアクリーム、豆腐抹茶クリーム、豆腐コーヒークリームなどがあり、
ナッツを加えればナッツクリームにもなり、それぞれ違ったおいしさが楽しめます。
また、米粉と豆乳、バニラビーンズで作るカスタードクリームも、卵が入らないのに満足感があると人気です。
アレルギーのあるなしにかかわらず、多少食べすぎても胃にもたれず、体が重くならず、
脂肪分も断然少ない豆腐クリームや米粉カスタードクリームを、好んで食べてくださる方も増えています。

この本では、そんな体にやさしいクリームを使ったお菓子をいろいろとご紹介します。
最近は手に入りやすくなった豆乳ヨーグルトを使った豆乳ヨーグルトクリームや、
ひよこ豆や白いんげん豆で作った豆クリームもラインナップ。
どのクリームもデコレーションがしやすいのが利点。デコレーション、特に絞りなどは、分離しないので何度ぬり直し、
絞り出しても大丈夫。かわいいデコレーションケーキを作ることが可能です。

生クリームのような軽い口溶けや真っ白さはないですが、体への負担は軽くてクリアです。
体にやさしいクリームをたっぷりあしらったお菓子、楽しんでいただけたらうれしく思います。

今井ようこ

* 計量単位は1カップ＝200㎖、大さじ1＝15㎖、小さじ1＝5㎖です。
* オーブンは電気オーブンでもガスオーブンでも本書の温度と焼き
　時間で焼いてください。ただし、温度と時間は目安です。熱源や機
　種によって多少差があるので、様子をみながら加減してください。

米粉カスタードクリームのお菓子

豆乳ヨーグルトクリームのお菓子

豆クリームのお菓子

豆腐クリームのお菓子

豆腐をベースにして作る、クリーミーで甘いクリーム。
生クリームと同様、デコレーションやトッピングに使います。
ここでは、基本となる豆腐バニラクリームのほか、
ココア、抹茶、コーヒーを加えたアレンジクリームを紹介します。

＊保存瓶に入れて冷蔵庫で
　4〜5日（夏場は2〜3日）保存可。

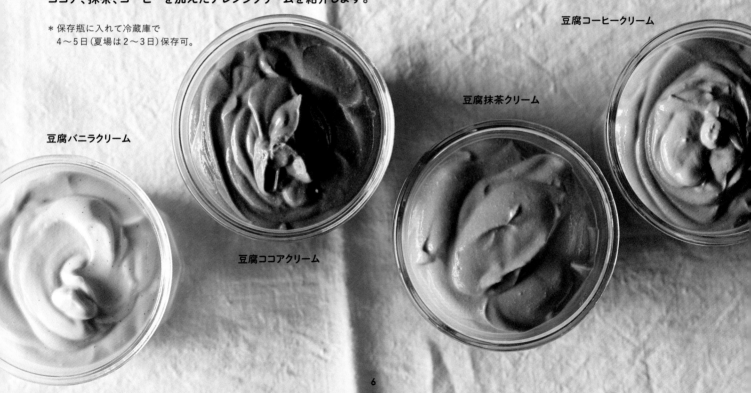

豆腐コーヒークリーム

豆腐抹茶クリーム

豆腐バニラクリーム

豆腐ココアクリーム

6

how to make
豆腐クリーム

豆腐バニラクリーム

材料（作りやすい分量）
木綿豆腐 … 1丁（300g）
バニラビーンズ（種をさやから
　　しごき出す）… 2〜3cm
メープルシロップ … 大さじ4〜5
塩 … ひとつまみ
豆乳（成分無調整）… 大さじ1〜2
　　　　↓

豆腐を水きりする。鍋に湯を沸かして豆腐を入れ、豆腐が少し揺れるくらいの火加減で5分ほどゆでる。

豆腐ココアクリーム

豆腐バニラクリームができたら、ココアパウダー大さじ2を加えてさらに攪拌する。好みで甘みを足しても。

バットの上にざるを置き、豆腐をのせて水気をきる。ペーパータオルではさみ、重し（砂糖など1kg程度）をのせる。

豆腐抹茶クリーム

豆腐バニラクリームができたら、抹茶大さじ2、豆乳（成分無調整）大さじ1〜2を加えてさらに攪拌する。

30分〜1時間水きりする。重しを取るとこんな感じ。豆腐の重さの1〜2割ほど水きりができていればよい。

豆腐コーヒークリーム

豆腐バニラクリームができたら、インスタントコーヒー大さじ1、ココアパウダー小さじ¼を加えてさらに攪拌する。好みで甘味を足しても。

計量カップなどの縦長の容器に入れ、バニラビーンズ、メープルシロップの⅔量、塩、豆乳大さじ1を加え、ハンディブレンダーで攪拌する。

味をみて、残りのメープルシロップと豆乳を加え、つやが出てなめらかなクリーム状になるまで攪拌する。

豆腐クリームのココアケーキ

ビターな風味のココアケーキと、バニラが香る豆腐クリームの組み合わせ。
豆腐クリームをスプーンでランダムにのせると、ラフな感じなのに華やか。

材料・直径15cmの丸型1台分

A	薄力粉 … 100g
	ココアパウダー … 50g
	アーモンドパウダー … 60g
	てんさい糖 … 60g
	ベーキングパウダー … 小さじ1½
	塩 … ひとつまみ
B	木綿豆腐（30分ほど水きりしたもの）… 100g
	豆乳（成分無調整）… 100ml
	メープルシロップ … 大さじ4
	米油 … 大さじ4
	カカオマスまたはビターチョコレート … 30g

豆腐バニラクリーム（p.7参照）… 適量
カカオニブ … 適量

下準備
・型にオーブンシートを敷く。
・オーブンは170℃に予熱する。
・カカオマスは湯せんで温めて溶かす。

1 Aの薄力粉をボウルにふるい入れ、残りのAを加えてゴムべらで均一に混ぜる。

2 計量カップなどの縦長の容器にBを入れ、ハンディブレンダーで攪拌してなめらかにする（a）。

3 1に2を加え、ゴムべらでさっくりと混ぜ合わせる。

4 型に入れ（b）、170℃のオーブンで35〜40分焼く。粗熱が取れたら型から取り出し、ケーキクーラーにのせて冷ます。

5 4のケーキの上面に、豆腐バニラクリームをスプーンですくってランダムに落とし（c）、カカオニブを散らす。

スコーンと豆腐バニラクリーム

ざっくりとした食感のプレーンスコーンに、豆腐バニラクリームとジャムを
たっぷりとはさんだ、ボリューム満点のひと皿です。

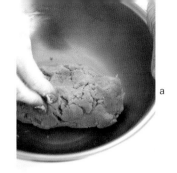

a

材料・直径7cmのセルクル4個分

A	薄力粉 … 180g
	全粒薄力粉 … 50g
	てんさい糖 … 25g
	ベーキングパウダー … 小さじ1½
	塩 … ひとつまみ

米油 … 大さじ5

B	豆乳ヨーグルト … 大さじ3
	メープルシロップ … 大さじ1

豆腐バニラクリーム（p.7参照）… 適量
好みのジャム
　（ここではブルーベリー）… 適量

下準備
・オーブンは170〜180℃に予熱する。

1 ボウルにAを入れてゴムべらで均一に混ぜ、米油を加え、大きなダマがなくなるくらいまで手ですり合わせる。

2 別のボウルにBを入れて混ぜ合わせる。

3 1に2の¾量を加え、手でこねないようにひとまとめにする。まとまりづらかったら残しておいた2を足し、ベタベタするようなら薄力粉を足して手につかない生地にまとめる（a）。

4 3の生地を半分にして重ね、手で押してまとめる（b）。この作業を2〜3回繰り返し、3cm厚さにのばし、セルクルで抜く（c）。

5 オーブンシートを敷いた天板に並べ、170〜180℃のオーブンで20〜25分焼く。ケーキクーラーにのせて冷ます。

6 厚みを半分に割り、豆腐バニラクリームとジャムをはさむ。

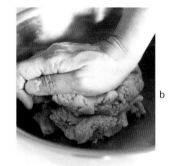

b

c

a

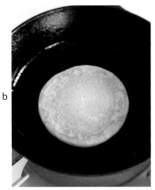

b

c

デラックスパンケーキ

小さめに焼いたパンケーキと豆腐バニラクリームを交互に重ねた、
ちょっと豪華なおやつ。ほかの豆腐クリーム（p.7参照）を使っても。

材料・1人分

A
薄力粉 … 100g
てんさい糖 … 10g
ベーキングパウダー … 小さじ1
塩 … ひとつまみ

豆乳（成分無調整） … 140㎖
米油 … 適量
豆腐バニラクリーム（p.7参照） … 適量
好みのフルーツ（ここでは
　河内晩柑、ラズベリー） … 適量
メープルシロップ … 適量

下準備
・河内晩柑は薄皮をむいて果肉だけにし、
　ラズベリーと同じくらいの大きさに切る。

1 ボウルにAの薄力粉をふるい入れ、ほかの材料を加えて泡立て器で均一に混ぜる。

2 **1**のボウルの中央に豆乳を少しずつ入れ、泡立て器でぐるぐると中央から粉を落とすように混ぜていく。なめらかになるまで混ぜる。

3 フライパンを熱して米油少々をなじませ、**2**の⅕量を流し入れ（a）、中火で、生地の縁が乾くくらいまで焼く。裏返し、さらに2分ほど焼いて中まで火を通す（b）。同様にしてあと4枚焼く。

4 器にパンケーキと豆腐バニラクリームを交互に重ね（c）、一番上はパンケーキにする。フルーツをのせ、メープルシロップをかける。

豆腐ココアクリームのショートケーキ

スクエアに焼いたスポンジケーキを、豆腐ココアクリームとチェリーでデコレーション。
シックな色合いがすてき。丸型でも同様に作れます。

材料・12×12cmの角型1台分

A
| 薄力粉 … 120g
| アーモンドパウダー … 30g
| てんさい糖 … 30g
| ベーキングパウダー … 小さじ1
| 塩 … ひとつまみ

B
| 米油 … 大さじ1½
| メープルシロップ … 大さじ1½
| 豆乳（成分無調整）… 120mℓ

豆腐ココアクリーム（p.7参照）… 適量
アメリカンチェリー … 15個くらい

下準備
・アメリカンチェリーは軸を取って半分に
　切り、種を取り除く。
・型にオーブンシートを敷く。
・オーブンは180℃に予熱する。

1 Aの薄力粉をボウルにふるい入れ、残りのA
を加えてゴムべらで均一に混ぜる。

2 ボウルにBを入れ、泡立て器でよく混ぜ合わ
せる。

3 **1**に**2**を加え、ゴムべらでさっくりと混ぜ合わ
せる。

4 型に流し入れ、180℃のオーブンで20～25分
焼く。粗熱が取れたら型から取り出し、ケーキ
クーラーにのせて冷ます。

5 ケーキの上面のふくらんだ部分をそぎ落とし、
厚みを半分に切る（a）。豆腐ココアクリームを
星口金をつけた絞り袋に入れ、下になるスポン
ジに絞り出し、半分に切ったアメリカンチェリー
をのせる（b）。

6 もう1枚のスポンジをのせ、豆腐ココアクリーム
を絞り出し（c）、残りのアメリカンチェリーをの
せる。

ベリーの豆乳寒天プリン

ラズベリーといちごをダブルで使った、つるんと口当たりのいいプリン。
豆腐ココアクリームとよく合うので、たっぷりとトッピングします。

材料・直径7.5cmのプリン型3個分
ベリーの豆乳寒天プリン
　冷凍ラズベリー … 50g
　冷凍いちご … 30g
　豆乳（成分無調整）… 200mℓ
　てんさい糖 … 30g
　レモン果汁 … 小さじ½
　粉寒天 … 小さじ⅓
豆腐ココアクリーム（p.7参照）… 適量
ラズベリー、いちご … 各適量
好みのチョコレート、ミント … 各少々

下準備
・冷凍ラズベリー、冷凍いちごは自然解
　凍する。

1 プリンを作る。計量カップなどの縦長の容器に解凍したラズベリーといちご、豆乳を入れ、ハンディブレンダーで撹拌してなめらかにする（a）。

2 <u>1</u>を鍋に移し、てんさい糖、レモン果汁、粉寒天をふり入れ（b）、火にかける。沸騰直前で弱火にし、ゴムべらで混ぜながら1〜2分火を入れる。鍋の底を冷水に当て、混ぜながら粗熱を取る。

3 プリン型に均等に入れ、バットにのせ（c）、冷蔵庫で冷やし固める。

4 型の底を湯で温め、型の周りにナイフを入れてプリンを型から出して器に盛り、豆腐ココアクリームをのせる。へたを取って半分に切ったいちご、ラズベリー、刻んだチョコレート、ミントを飾る。

ミルクレープ

薄く焼いた豆乳クレープと豆腐抹茶クリームを、段々に重ねて仕上げた
ヴィーガン仕様。豆腐クリームは抹茶味とバニラ味を交互にはさんでも。

材料・直径16〜17cmのもの1台分

クレープ生地

| 薄力粉 … 100g
| てんさい糖 … 30g
| 塩 … ひとつまみ
| 豆乳(成分無調整) … 300㎖

米油 … 適量

豆腐抹茶クリーム(p.7参照) … 適量

てんさい糖 … 適量

1 クレープ生地を作る。ボウルに薄力粉をふるい
入れて、てんさい糖、塩を入れて均一に混ぜ、豆
乳を少しずつ加えてダマができないように混
ぜ合わせる。

2 フライパンに米油を薄くひいてなじませ、**1**の
生地を適量流し入れて直径16〜17cmに広げ
(a)、弱火で焼く。縁がはがれてきて全体に乾
くまでそのまま、焼き色がついたら裏返し(b)、
さらに30秒ほど焼き、取り出す。同様にしてあ
と8〜9枚焼き、冷めるまでおく。

3 器にクレープ1枚をのせ、豆腐抹茶クリームを
薄くぬり(c)、2枚目のクレープをのせる。この
要領で重ねていき、一番上はクレープにする。

4 仕上げにてんさい糖を茶こしでふる。

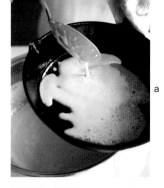
a

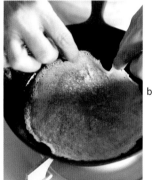
b

c

豆乳バニラプリンと
豆腐抹茶クリーム

バニラの風味を効かせた豆乳プリンは、いつ食べても飽きないおいしさ。
ここでは、粒あんと豆腐抹茶クリームをのせて和テイストで楽しみます。

材料・2～3個分

豆乳バニラプリン
　豆乳（成分無調整）… 200㎖
　てんさい糖 … 30g
　水 … 100㎖
　粉寒天 … 小さじ ½
　バニラビーンズ … 2㎝
粒あん（市販）… 適量
豆腐抹茶クリーム（p.7参照）… 適量
豆乳（成分無調整）… 少々
抹茶 … 少々

下準備
・バニラビーンズは種をさやからしごき出す。

1 プリンを作る。鍋にてんさい糖、水、粉寒天を入れて火にかけ、沸騰したら弱火にし、ゴムべらで混ぜながら1分ほど火を入れる。

2 豆乳、バニラビーンズを加え、豆乳が温まるまで火を入れる。

3 鍋の底を冷水に当て、ゴムべらで粗熱が取れるまで冷まし、湯気が出なくなるくらいまで冷めたら器に均等に流し入れ、冷蔵庫で冷やし固める。

4 豆腐抹茶クリームは豆乳少々を加えてのばす。

5 <u>3</u>に粒あんをのせ、<u>4</u>をかけ、抹茶を茶こしでふる。

材料・2人分

コーヒーゼリー
| 水 … 200㎖
| インスタントコーヒー … 大さじ1
| てんさい糖 … 大さじ1
| アガー … 小さじ⅓
豆腐コーヒークリーム（p.7参照）… 適量
豆乳、メープルシロップ … 各適量

※アガーは海藻から作られる凝固剤。透明度が高く、食感は寒天とゼラチンの間のようなぷるっとした弾力があり、やわらかく舌ざわりがなめらか。

1 鍋に分量の水を入れて火にかけ、沸騰したら火を止めて、インスタントコーヒーを加えて溶かす。

2 てんさい糖とアガーを合わせて**1**に加えて再び火にかけ、沸騰直前に弱火にして1〜2分火を入れる。

3 鍋の底を冷水に当て、ゴムべらで粗熱が取れるまで冷まし、器に均等に流し入れ、冷蔵庫で冷やし固める。

4 豆腐コーヒークリームを星口金をつけた絞り袋に入れ、**3**に絞り出す。豆乳とメープルシロップを2対1の割合で混ぜ合わせて添える。

コーヒーゼリー

ほんのり甘いコーヒーゼリーと
豆腐コーヒークリームの組み合わせが魅力的。
クリーミーな豆乳メープルシロップをかけて、
混ぜながらいただきます。

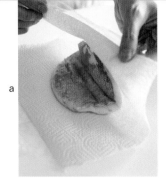

a

b

c

豆腐コーヒークリームのオムレット

ふんわり生地でバナナと豆腐コーヒークリームをはさみます。
生地を焼いたら、半分にたたんでくせをつけておくと、きれいに仕上がります。

材料・4個分
薄力粉 … 80g
てんさい糖 … 20g
ベーキングパウダー … 小さじ1
塩 … ひとつまみ
豆乳ヨーグルト … 180g
米油 … 適量
豆腐コーヒークリーム（p.7参照）… 適量
バナナ … 2本

1 ボウルに薄力粉をふるい入れ、てんさい糖、ベーキングパウダー、塩を加え、泡立て器で均一に混ぜる。

2 **1**のボウルの中央に豆乳ヨーグルトを入れ、泡立て器でぐるぐると中央から粉を落とすように混ぜていく。なめらかになるまで混ぜる。

3 フライパンを熱して米油少々をなじませ、**2**の¼量を楕円形に流し入れ、中火で両面焼く。ラップの上にペーパータオルをのせ、焼いた生地を熱いうちにのせ、半分にたたんでくせをつける（a）。同様にしてあと3枚焼き、半分にたたんでくせをつける。

4 豆腐コーヒークリームを星口金をつけた絞り袋に入れ、オムレットの底になる部分に適量絞り出し（b）、半分に切ったバナナをはさむ。

5 さらに上から豆腐コーヒークリームをたっぷりと絞り出す（c）。

ナッツクリームのお菓子

ナッツクリームは豆腐クリーム（p.7参照）がベース。
豆腐クリームの材料にナッツをプラスして作ります。
ヘーゼルナッツ、ピスタチオ、アーモンド、ピーナッツ、
4つのアイテムを紹介。それぞれの味と香りの違いをお楽しみください。

＊保存瓶に入れて冷蔵庫で4〜5日（夏場は2〜3日）保存可。

アーモンドクリーム

ヘーゼルナッツクリーム

ピスタチオクリーム

ピーナッツクリーム

24

how to make ナッツクリーム

ヘーゼルナッツクリーム

材料（作りやすい分量）
木綿豆腐（p.7の1〜3を
　参照して水きりしたもの）… 1丁
メープルシロップ … 大さじ5〜6
ヘーゼルナッツ（ローストしたもの、
　皮なし）… 60g
塩 … ひとつまみ
豆乳（成分無調整）
　… 大さじ1〜2

計量カップなどの縦長の容器に
水きりした豆腐、メープルシロッ
プの⅔量、塩、豆乳大さじ1、ヘー
ゼルナッツを入れ、ハンディブレン
ダーで攪拌する。味とかたさをみ
て、残りのメープルシロップと豆
乳を加える。

ピスタチオクリーム

材料（作りやすい分量）
木綿豆腐（p.7の1〜3を
　参照して水きりしたもの）… 1丁
バニラビーンズ（種をさやから
　しごき出す）… 2〜3cm
メープルシロップ … 大さじ4〜5
塩 … ひとつまみ
豆乳（成分無調整）
　… 大さじ1〜2
ピスタチオ（殻と薄皮を
　取ったもの）… 50g

計量カップなどの縦長の容器に
水きりした豆腐、バニラビーンズ、
メープルシロップの⅔量、塩、豆
乳大さじ1、ピスタチオを入れ、ハ
ンディブレンダーで攪拌する。味
とかたさをみて、残りのメープル
シロップと豆乳を加える。

アーモンドクリーム

材料（作りやすい分量）
木綿豆腐（p.7の1〜3を
　参照して水きりしたもの）… 1丁
メープルシロップ … 大さじ7〜8
塩 … ひとつまみ
豆乳（成分無調整）
　… 大さじ1〜2
アーモンド（ローストしたもの）
　… 60g

計量カップなどの縦長の容器に
水きりした豆腐、メープルシロッ
プの⅔量、塩、豆乳大さじ1、アー
モンドを入れ、ハンディブレンダー
で攪拌する。味とかたさをみて、
残りのメープルシロップと豆乳を
加える。

ピーナッツクリーム

材料（作りやすい分量）
木綿豆腐（p.7の1〜3を
　参照して水きりしたもの）… 1丁
バニラビーンズ（種をさやから
　しごき出す）… 2〜3cm
メープルシロップ … 大さじ4〜5
塩 … ひとつまみ
豆乳（成分無調整）
　… 大さじ1〜2
ピーナッツバター（チャンク）
　… 大さじ4

計量カップなどの縦長の容器に
水きりした豆腐、バニラビーンズ、
メープルシロップの⅔量、塩、豆
乳大さじ1、ピーナッツバターを入
れ、ハンディブレンダーで攪拌す
る。味とかたさをみて、残りのメー
プルシロップと豆乳を加える。

ヘーゼルナッツクリームのレイヤーケーキ

丸型で焼いたスポンジケーキを3段重ねにし、ヘーゼルナッツクリームを
サンドすると高さが出て華やか。ナッツと溶かしたチョコで仕上げます。

材料・直径12cmの丸型1台分

A	薄力粉 … 120g
	アーモンドパウダー … 30g
	てんさい糖 … 30g
	ベーキングパウダー … 小さじ1
	塩 … ひとつまみ
B	米油 … 大さじ1½
	メープルシロップ … 大さじ1½
	豆乳（成分無調整） … 120mℓ

ヘーゼルナッツクリーム（p.25参照） … 適量
ヘーゼルナッツ（皮つき） … 適量
製菓用ビターチョコレート … 適量

下準備
・ヘーゼルナッツは130〜140℃のオー
　ブンで10分ほどローストし、仕上げ用
　を適量残して粗く刻む。
・型にオーブンシートを敷く。
・オーブンは180℃に予熱する。

1 Aの薄力粉をボウルにふるい入れ、残りのA
を加えてゴムべらで均一に混ぜる。

2 別のボウルにBを入れ、泡立て器でよく混ぜ
合わせる。**1**に加え、ゴムべらでさっくりと混ぜ
合わせる。

3 型に流し入れ、180℃のオーブンで20〜25分
焼く。粗熱が取れたら型から取り出し、ケーキ
クーラーにのせて冷ます。

4 ケーキの上面のふくらんだ部分を少しそぎ落
とし、厚みを3等分に切り（a）、ヘーゼルナッツ
クリームとヘーゼルナッツ各適量をはさんで3
段重ねにする。一番上のスポンジは切り口が
上になるように逆さにしてのせ、ヘーゼルナッ
ツクリームをのせる（b）。

5 側面もゴムべらを使ってヘーゼルナッツクリー
ムで覆い（c）、仕上げ用のヘーゼルナッツを
のせ、湯せんで溶かしたチョコレートをかける。

a

b

c

ピスタチオクリームといちごのタルト

ココア味のタルト台にいちごをのせて、ピスタチオクリームを
たっぷりとのせた、ちょっと贅沢なタルト。いちご以外のベリー類を使っても。

材料・直径15cmのタルト型1台分

	薄力粉 … 100g
	全粒薄力粉 … 20g
A	ココアパウダー … 15g
	てんさい糖 … 30g
	塩 … 少々
B	米油 … 大さじ2½
	豆乳（成分無調整）… 大さじ1½

ピスタチオクリーム（p.25参照）… 適量
いちご … 7〜8個
ピスタチオ … 適量

下準備
・いちごはへたを取る。
・ピスタチオは殻を取り、粗く刻む。
・オーブンは170℃に予熱する。

1 Aをボウルに入れてゴムべらで均一に混ぜる。

2 別のボウルにBを入れて泡立て器でよく混ぜ合わせ、少し残して1に加え、こねないように混ぜて手でひとまとめにする。まとまりづらかったら残しておいたBを加え、自然にまとまる程度のかたさにする。

3 オーブンシートの上に移し、ラップを広げてのせ、めん棒でタルト型よりひと回り大きい円形にのばす。

4 3の生地をタルト型に敷き込み、底面、側面ともに指で押さえ、めん棒を型の上で転がして余分な生地を落とす。さらに生地をしっかり押さえ（a）、全体にフォークで穴をあける。170℃のオーブンで20〜25分焼く。ケーキクーラーにのせて粗熱を取り、型から取り出して冷ます。

5 ピスタチオクリームを丸口金をつけた絞り袋に入れ、中心から円を描きながら絞り出し、スプーンの背でならす。いちごを縦半分に切って断面を下にしてのせ、さらに上からピスタチオクリームを中心から円を描きながら絞り出し（b）、スプーンの背でならして表情をつける（c）。仕上げにピスタチオを散らす。

a

b

c

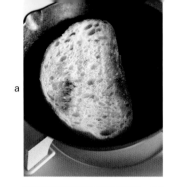

a

b

c

アーモンドクリームと
バナナのオープンサンド

ナッツの風味豊かなアーモンドクリームは、焼き菓子だけでなく、
トーストにもよく合います。バナナとメープルシロップでおいしさ倍増。

材料・1人分
パン（ここではブール）… 厚切り1枚
アーモンドクリーム（p.25参照）… 適量
バナナ … ½本
メープルシロップ … 適量

1 パンはフライパンまたはトースターで焼き色が
つくまで焼く（a）。

2 アーモンドクリームをたっぷりとのせる（b）。

3 器に盛り、バナナを薄い輪切りにしてのせ（c）、
メープルシロップをかける。

ダックワーズ風

外側はパリッと、中はしっとりとしたアーモンド風味の軽い生地で
ピーナッツクリームをサンドします。手作りならではのおいしさです。

a

材料・4個分

A
| 全粒薄力粉 … 50g
| アーモンドパウダー … 40g
| てんさい糖 … 30g
| ベーキングパウダー … 小さじ½

B
| 米油 … 大さじ3
| 豆乳（成分無調整）… 50mℓ

てんさい糖（粉状のもの）… 適量
ピーナッツクリーム（p.25参照）… 適量

下準備
・オーブンは170℃に予熱する。

1 Aの薄力粉をボウルにふるい入れ、残りのA
を加えてゴムべらで均一に混ぜる。

2 別のボウルにBを入れ、泡立て器でよく混ぜ
合わせる。1に加え、ゴムべらでさっくりと混ぜ
合わせる。

3 天板にオーブンシートを敷き、2の生地の⅛量
ずつゴムべらで取って1cm厚さくらいの楕円
になるようにのせ、ゴムべらの角を使って同じ
ような形に整える（a）。

4 てんさい糖を全体にふり、なじんだら、てんさ
い糖をもう一度ふる（b）。170℃のオーブンで
10分ほど焼き、ケーキクーラーにのせて冷ます。

5 4を2個1組にし、ピーナッツクリームをはさむ
（c）。

b

c

栗クリームでモンブラン

生栗から作るので多少手間はかかりますが、そのかいあっておいしさは最上級。
ここでは豆腐バニラクリームと合わせて、モンブランにして楽しみます。

栗クリーム

材料（作りやすい分量）

栗（ゆでたもの*）… 正味200g
ココナッツオイル … 30g
てんさい糖 … 60g
水または豆乳（成分無調整）… 60㎖
ラム酒 … 小さじ1〜1½

*栗はたっぷりの水とともに鍋に入れ、沸騰
したら弱火にし、やわらかくなるまで50分
ほどゆでる。半分に切り、中身をスプーンで
かき出す（a）。

すべての材料をボウルに入れ、ハンディ
ブレンダーでなめらかになるまで撹拌
する（b）。保存瓶に入れておく（c）。

モンブラン

材料（4個分）

ダックワーズ生地を
　丸く焼いたもの** … 4個
栗（ゆでたもの。栗クリーム参照）
　… 正味120g
豆腐バニラクリーム … 80g
栗クリーム … 適量

**p.33を参照して生地を作り、4等分に
して丸く形を整え、同様にして焼く（d）。

1 ボウルに栗と豆腐バニラクリーム
を入れて混ぜ合わせる。

2 器にダックワーズ生地を置き、**1**
をたっぷりとのせる（e）。

3 栗クリームをモンブラン口金をつ
けた絞り袋に入れ、**2**の上に絞り
出す（f）。

米粉カスタードクリームのお菓子

米粉、豆乳、粉寒天で作る、やさしい味わいのクリーム。
カスタードクリームと同様、スポンジやタルト、フルーツとともに
楽しみます。バニラビーンズを入れると、ぐっとおいしくなります。

＊保存瓶に入れて冷蔵庫で
　4〜5日（夏場は2〜3日）保存可。

米粉カスタードクリーム

材料（作りやすい分量）
米粉 … 20g
てんさい糖 … 20g
粉寒天 … 小さじ⅔
メープルシロップ … 大さじ2
豆乳（成分無調整）… 200㎖
バニラビーンズ（種をさやから
　しごき出す。さやも使う）
　… 2cm

1
鍋に米粉、てんさい糖、粉寒天、バニラビーンズの種とさやを入れ、メープルシロップを加える。

2
豆乳少々を入れてゴムべらで全体になじませる。

3
残りの豆乳を加えて混ぜ合わせる。

how to make 米粉カスタードクリーム

4
中火にかけ、とろみが出てふつふつしてきたら弱火にし、ゴムべらで混ぜながら2〜3分煮る。

5
ボウルに移し、表面が乾燥しないようにラップをぴったりとかける。

6
ボウルの底を冷水（保冷剤と水）に当てて冷ます。

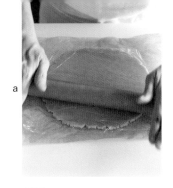

米粉カスタードの
フルーツタルト

から焼きしたタルト生地に
米粉カスタードクリームと2色のぶどうを
盛り込みます。いちご、桃、メロン、柿……
季節のフルーツで一年中楽しめます。

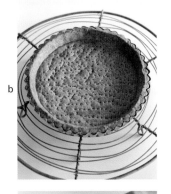

材料・直径15cmのタルト型1台分

A	薄力粉 … 120g
	てんさい糖 … 20g
	塩 … ひとつまみ
B	米油 … 大さじ3
	豆乳（成分無調整）… 大さじ2

米粉カスタードクリーム（p.37参照）… 250g
ぶどう（色の違うもの2種）… 適量
ブルーベリー … 適量

下準備
・オーブンは170℃に予熱する。

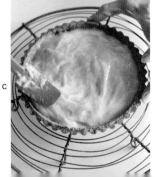

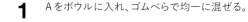

1 Aをボウルに入れ、ゴムべらで均一に混ぜる。

2 別のボウルにBを入れて泡立て器でよく混ぜ合わせ、少し残して**1**に加え、こねないように混ぜて手でひとまとめにする。まとまりづらかったら残しておいたBを加え、自然にまとまる程度のかたさにする。

3 オーブンシートの上に移し、ラップを広げてのせ、めん棒でタルト型よりひと回り大きい円形にのばす（a）。

4 **3**の生地をタルト型に敷き込み、底面、側面ともに指で押さえ、めん棒を型の上で転がして余分な生地を落とす。さらに生地をしっかり押さえ、全体にフォークで穴をあける。170℃のオーブンで20分焼く。途中6～7分で様子を見て、底がふくらんでいたらフォークで穴をあけてふくらみをつぶす。

5 ケーキクーラーにのせて粗熱を取り（b）、型から取り出して冷ます。

6 米粉カスタードクリームを敷き込み（c）、ぶどうを半分に切ってのせ、ブルーベリーを丸ごとまたは半分に切って散らす。

蒸しケーキと米粉カスタード

紅茶入りの生地をボウルに流し入れ、ふっくらと蒸し上げます。
好きに切り分けて、米粉カスタードクリームとジャムをつけていただきます。

a

材料・直径15cmのボウル1個分

A	薄力粉 … 120g
	アーモンドパウダー … 35g
	てんさい糖 … 45g
	ベーキングパウダー … 小さじ1
	紅茶の茶葉(細かいもの) … 小さじ2
	塩 … ひとつまみ
B	米油 … 大さじ2
	豆乳(成分無調整) … 120mℓ

米粉カスタードクリーム(p.37参照)
　… 適量
好みのジャム(ここではアプリコット)
　… 適量

下準備
・蒸し器に入れるボウルにオーブンシート
　を敷く。
・蒸し器をのせる鍋に湯を沸かす。

1 Aの薄力粉をボウルにふるい入れ、残りのA
を加えてゴムべらで均一に混ぜる。

2 別のボウルにBを入れて泡立て器でよく混ぜ
合わせ、**1**に加えてゴムべらでさっくりと混ぜる。

3 オーブンシートを敷いたボウルに流し入れ(a)、
表面をならし、蒸し器に入れる(b)。蒸気の上
がった状態で30分ほど蒸す。

4 竹串を刺して何もついてこなければ蒸し上が
り(c)。すぐにボウルから取り出し、ケーキクー
ラーなどにのせて冷まし、オーブンシートをは
ずす。切り分けて器に盛り、米粉カスタードク
リームとジャムを添える。

b

c

フルーツグラタン

米粉カスタードクリームを豆乳でのばし、フレッシュなフルーツにかけて
オーブンで焼き上げた温かいデザート。柿、バナナ、りんごなどで作っても。

材料・2人分
米粉カスタードクリーム（p.37参照）… 150ｇ
豆乳（成分無調整）… 大さじ3
ネクタリン … ½個
プルーン … 2個
桃 … ½個
スライスアーモンド … 適量
てんさいグラニュー糖 … 適量

下準備
・オーブンは180℃に予熱する。

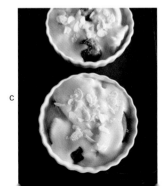

1 ボウルに米粉カスタードクリームと豆乳を入れてよく混ぜる（a）。

2 ネクタリンは半分に切って種を取り、くし形に切る。プルーンは半分に切って種を取る。桃は皮をむいて半分に切り、種を取ってくし形に切り、さらに半分に切る。

3 グラタン皿に**2**のフルーツをのせ、**1**をかける（b）。

4 天板にのせ、スライスアーモンドをのせててんさいグラニュー糖をかけ（c）、180℃のオーブンで15分ほど、米粉カスタードクリームがクツクツとするまで焼く。

トライフル

米粉カスタードクリームと水きり豆乳ヨーグルトで作るヴィーガントライフル。
作って1時間ほど冷蔵庫に入れておくと、味がなじんでさらにおいしい。

材料・2人分

A | 米粉カスタードクリーム（p.37参照）… 150g
水きり豆乳ヨーグルト* … 50g
豆乳（成分無調整）… 大さじ1
メープルシロップ … 好みで適量

スポンジ** … 50g
マンゴー … ½個
バナナ … ¼本
キウイフルーツ … ½個
パッションフルーツ … ½個

＊ 豆乳ヨーグルトの水きりは、p.49の作り方1〜3を参照。
＊＊ p.15やp.27のスポンジケーキを参照して焼く。そぎ落とした上面の部分を使っても。

1 ボウルにAを入れて混ぜ合わせ、なめらかにする（a）。

2 マンゴー、バナナ、キウイフルーツは皮をむいて食べやすい大きさに切る。パッションフルーツは半分に切り、中身を出す。

3 グラスに食べやすい大きさにちぎったスポンジを入れ、**1**のクリームをスポンジがかくれるくらいまで入れる（b）。

4 **2**のフルーツを入れ、残りのクリーム、残りのフルーツを重ねて入れる（c）。

フルーツサンド

米粉カスタードクリームと豆腐バニラクリームをミックスした
口当たりのやさしいクリームが美味。冷蔵庫で冷やしてから切り分けます。

材料・1人分
食パン（8枚切り） … 2枚
米粉カスタードクリーム（p.37参照）
　　… 100g
豆腐バニラクリーム（p.7参照） … 25g
いちご … 2個
メロン … 1/16個

1 ボウルに米粉カスタードクリームと豆腐バニラクリームを入れてよく混ぜ合わせる（a）。

2 いちごはへたを取って縦4〜6等分に切り、メロンは皮と種を取っていちごと同じくらいの大きさに切る。

3 食パン1枚に**1**のクリームの半量をぬり、いちごとメロンをのせる（b）。

4 残りのクリームをのせて全体に広げる（c）。

5 もう1枚のパンをのせて手で軽く押さえ、ラップできっちりと包んで冷蔵庫で1時間ほど冷やす。

6 ラップをしたまま切り分け、ラップをはずして器に盛る。

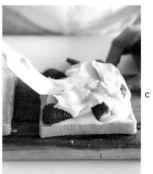

豆乳ヨーグルトクリームのお菓子

豆乳ヨーグルトを乳製品のヨーグルトと同様に水きりすると、
味がギュッと濃集されてクリームのような口当たり。
ここでは、基本となるプレーンなヨーグルトクリームと、
ラズベリー、オレンジ、レモンの3つのバリエーションを紹介します。

*保存瓶に入れて冷蔵庫で3〜4日(夏場は2〜3日)保存可。

レモンヨーグルトクリーム

豆乳ヨーグルトクリーム

オレンジヨーグルトクリーム

ラズベリーヨーグルトクリーム

how to make
豆乳ヨーグルト
クリーム

豆乳ヨーグルトクリーム

材料（作りやすい分量）
豆乳ヨーグルト
　　… 1パック（400ｇ）
てんさい糖 … 大さじ1
メープルシロップ … 大さじ1

↓

ラズベリーヨーグルトクリーム

豆乳ヨーグルトクリーム全量に
冷凍ラズベリー（解凍して水気を
拭いたもの）30ｇ、てんさい糖大
さじ3、ココナッツオイル大さじ3
を加え、ハンディブレンダーで攪
拌する。

オレンジヨーグルトクリーム

豆乳ヨーグルトクリーム全量にオ
レンジ果汁大さじ2、オレンジの
皮のすりおろし1個分、てんさい
糖大さじ3、ココナッツオイル大さ
じ3、塩ひとつまみを加え、ハン
ディブレンダーで攪拌する。

レモンヨーグルトクリーム

豆乳ヨーグルトクリーム全量にレ
モン果汁大さじ2、レモンの皮の
すりおろし1個分、てんさい糖大
さじ3、ココナッツオイル大さじ3、
塩ひとつまみを加え、ハンディブ
レンダーで攪拌する。

ボウルの上にざる（目
の細かいもの）を置き、
ペーパータオルを敷い
て豆乳ヨーグルトを入
れる。

この状態でふたやラッ
プをし、冷蔵庫に最低3
時間、できれば一晩お
いて水きりする。

水きり後はこんな感じ。
半量（200ｇ）になるのが
目安。ペーパータオルを
破かないようにしながら
ゴムべらで取り出す。

ボウルに**3**を入れ、てん
さい糖、メープルシロッ
プを加える。

泡立て器でよく混ぜ合
わせ、泡立て器を持ち
上げたとき、混ぜた跡
が残って角が立つくら
いまで混ぜる。

1　**2**　**3**　**4**　**5**

a

b

りんごのメープルソテーと
豆乳ヨーグルトクリーム

メープルシロップがからまった焼きりんごはそれだけでもおいしいですが、
豆乳ヨーグルトクリームと一緒に盛りつけると、とっておきのデザートに。

材料・2人分
りんご（小ぶりのもの）… 1個
メープルシロップ … 大さじ3
豆乳ヨーグルトクリーム（p.49参照）… 適量

1 りんごは半分に切り、芯の部分を取る。

2 フライパンにメープルシロップを入れて火にかけ、りんごを加え、メープルシロップをからめながら焼く（a）。

3 メープルシロップが煮つまり、りんごがややしんなりしたら火を止める。

4 器に盛り、豆乳ヨーグルトクリームをのせる（b）。

カッサータ

豆乳ヨーグルトクリームと甘酒で作るアイスケーキです。
甘みの強いフルーツを加え、アクセントにピスタチオ。つい食べすぎてしまうおいしさです。

a

材料・15×7.5×高さ6cmの
パウンド型1台分
豆乳ヨーグルトクリーム（p.49参照）
　… 200g
甘酒 … 120g
メープルシロップ … 大さじ1くらい
パイナップル … 60g（正味）
マンゴー … 60g（正味）
ピスタチオ … 15g（正味）

下準備
・型にオーブンシートを敷く。

1 パイナップルは皮と芯を取り除いて1cm角に切る。マンゴーも皮をむいて1cm角に切る。ピスタチオは殻から取り出し、粗みじん切りにする。

2 ボウルに豆乳ヨーグルトクリームと甘酒、メープルシロップを入れ（a）、ハンディブレンダーで攪拌してなめらかにする。

3 <u>1</u>を加え、ゴムべらで混ぜる（b）。

b

4 型に流し入れて表面をならし（c）、ラップをして冷凍庫で冷やし固める。

5 型から取り出し、好みの厚さに切り分ける。

c

a

ラズベリーヨーグルトクリームのカップケーキ

ライムがほんのり香るカップケーキとラズベリーヨーグルトクリームの
コンビが絶妙。絞り袋に入れてデコレーションすると、それだけで華やかになります。

b

材料・直径8cm×高さ4cmのプリン型3個分

A	薄力粉 … 100g
	アーモンドパウダー … 30g
	てんさい糖 … 20g
	ベーキングパウダー … 小さじ½
	ライムの皮のすりおろし … ½個分
	塩 … ひとつまみ
B	豆乳（成分無調整） … 100mℓ
	メープルシロップ … 大さじ1
	米油 … 大さじ3

ラズベリーヨーグルトクリーム（p.49参照）
　… 適量
アメリカンチェリー … 3個
オレンジ（房取りしたもの） … 1½房

下準備
・型に紙カップを入れる。
・オーブンは170〜180℃に予熱する。

c

1 Aの薄力粉をボウルにふるい入れ、残りのA
を加えて（a）、ゴムべらで均一に混ぜる。

2 別のボウルにBを入れ、泡立て器でよく混ぜ
合わせる。**1**に加え、ゴムべらでさっくりと混ぜ
合わせる。

3 型に流し入れ（b）、170〜180℃のオーブンで
20〜25分焼く。粗熱が取れたら型から取り出
し、ケーキクーラーにのせて冷ます。

4 ラズベリーヨーグルトクリームを星口金をつけ
た絞り袋に入れ、カップケーキの上にたっぷり
と絞り出す（c）。アメリカンチェリーとオレンジ
をのせる。

バナナケーキ

バナナ入りの生地にバナナをのせて焼き上げたしっとりケーキと
オレンジヨーグルトクリームの相性はぴったり。くるみがアクセントです。

a

材料・直径15cmの丸型1台分

A
- 薄力粉 … 140g
- 全粒薄力粉 … 40g
- アーモンドパウダー … 60g
- てんさい糖 … 15g
- ベーキングパウダー … 小さじ1½
- 重曹 … 小さじ½
- 塩 … ひとつまみ

B
- バナナ(皮をむいたもの) … 150g
- 米油 … 大さじ3
- メープルシロップ … 大さじ4
- 豆乳(成分無調整) … 70㎖

くるみ … 25g
バナナ … ½本
オレンジヨーグルトクリーム(p.49参照) … 適量
オレンジの皮のすりおろし … 適量

下準備
・くるみは130〜140℃のオーブンで10分ほど
　ローストし、細かく刻む。
・型にオーブンシートを敷く。
・オーブンは180℃に予熱する。

1 Aの薄力粉と全粒薄力粉をボウルにふるい入れ、残りのAを加えてゴムべらで均一に混ぜる。

2 別のボウルにBのバナナを入れてフォークで粗くつぶし(a)、残りのBを加えて泡立て器で混ぜ合わせる。

3 1に2を加え、くるみを加え、ゴムべらでさっくりと混ぜ合わせる(b)。

b

4 型に流し入れ、縦半分に切ったバナナをのせ、180℃のオーブンで30〜35分焼く。粗熱が取れたら型から取り出し、ケーキクーラーにのせて冷ます。

5 オレンジヨーグルトクリームをゴムべらで全体にたっぷりとのせ(c)、オレンジの皮のすりおろしを散らす。

c

レモンヨーグルトクリームのタルトレット

サクッとひと口頬張ると、ココナッツ入りタルト生地が香ばしく、
ブルーベリーとレモンヨーグルトクリームの爽やかさが口の中に広がります。

材料・12×6cmの舟型7個分

A	薄力粉 … 100g
	全粒薄力粉 … 20g
	てんさい糖 … 15g
	ココナッツファイン … 15g
	塩 … ひとつまみ
B	米油 … 大さじ3
	豆乳（成分無調整） … 大さじ2

レモンヨーグルトクリーム（p.49参照）
　… 適量
ブルーベリー … 適量
ココナッツチップ … 適量
レモンの皮のせん切り … 適量
てんさい糖 … 適量

下準備
・ココナッツチップは130〜140℃のオーブ
　ンで10分ほどローストする。もしくは、焼き
　ココナッツを使用。
・オーブンは170℃に予熱する。

1 Aをボウルに入れてゴムべらで均一に混ぜる。

2 別のボウルにBを入れて泡立て器でよく混ぜ合わせ、少し残して**1**に加え、こねないようにゴムべらで混ぜ、手でひとまとめにする（a）。まとまりづらかったら残しておいたBを加え、自然にまとまる程度のかたさにする。

3 7等分にし、めん棒で型よりひと回り大きくのばして型に敷き込み、底面、側面ともに指で押さえて余分な生地を落とす（b）。

4 全体にフォークで穴をあけ、170℃のオーブンで15〜20分焼く。途中6〜7分で様子を見て、底がふくらんでいたらフォークで穴をあけてふくらみをつぶす。粗熱が取れたら型から取り出し、ケーキクーラーにのせて冷ます。

5 レモンヨーグルトクリームをスプーンでのせ（c）、ブルーベリーをのせる。ココナッツチップ、レモンの皮を添え、てんさい糖を茶こしでふる。

豆クリームのお菓子

豆をベースにして作る、クリーミーでコクのあるクリーム。
焼き菓子などに使うほか、和風やアジア風のお菓子にもおすすめ。
ここでは、ひよこ豆、白いんげん豆、黒豆の3タイプを紹介します。
ゆでるのがひと手間ですが、豆の味が楽しめておいしさは二重丸。

*保存瓶に入れて冷蔵庫で4～5日(夏場は2～3日)保存可。

白いんげん豆クリーム

ひよこ豆クリーム

黒豆クリーム

how to make
豆クリーム

白いんげん豆はひよこ豆と同様にしてゆで、ゆで汁をきってボウルに入れる。豆のゆで汁、てんさい糖、塩を加え、ハンディブレンダーで攪拌してなめらかにする。

黒豆はひよこ豆と同様にしてゆで、ゆで汁をきってボウルに入れる。てんさい糖、メープルシロップ、豆乳、塩を加え、ハンディブレンダーで攪拌してなめらかにする。

ひよこ豆クリーム

材料（作りやすい分量）
ひよこ豆（乾燥）… 1カップ
てんさい糖 … 80g
メープルシロップ … 大さじ4
塩 … ふたつまみ

白いんげん豆クリーム

材料（作りやすい分量）
白いんげん豆（乾燥）… 1カップ
豆のゆで汁 … 大さじ2
てんさい糖 … 140g
塩 … ふたつまみ

黒豆クリーム

材料（作りやすい分量）
黒豆（乾燥）… 1カップ
てんさい糖 … 120g
メープルシロップ … 大さじ4
豆乳（成分無調整）… 大さじ2
塩 … ふたつまみ

ひよこ豆をボウルに入れ、たっぷりの水を注ぎ入れ、夏なら冷蔵庫で、涼しい季節なら室温で10時間おいてもどす。

水を取り替えて鍋に移し、強火にかけ、沸騰したらあくを取り、ふたをして弱火で45〜55分ゆでる。

ゆで上がり。このまま粗熱を取り、ゆで汁をきる。

ボウルに3の豆、てんさい糖、メープルシロップ、塩を入れる。

ハンディブレンダーで攪拌してなめらかにする。

1

2

3

4

5

a

b

c

ひよこ豆クリームのタルト

ひよこ豆クリームをタルト生地で折り込んだ、型いらずのタルト。
底に敷いたドライいちじくとくるみが、クリームのおいしさを盛り立てます。

材料・直径約20cmのもの1台分

A
薄力粉 … 100g
片栗粉 … 30g
てんさい糖 … 20g
塩 … ひとつまみ

B
米油 … 大さじ4
豆乳（成分無調整）… 大さじ2

ドライいちじく … 25g
くるみ … 25g
ひよこ豆クリーム（p.61参照）… 300g
てんさいグラニュー糖 … 適量

下準備
・ドライいちじくは水につけてもどし、1cm角に切る。
・くるみは粗く砕く。
・オーブンは170〜180℃に予熱する。

1 Aをボウルに入れ、ゴムべらで均一に混ぜる。

2 別のボウルにBを入れて泡立て器でよく混ぜ合わせ、少し残して**1**に加え、こねないように混ぜて手でひとまとめにする。まとまりづらかったら残しておいたBを加え、自然にまとまる程度のかたさにする。

3 オーブンシートの上に丸く整えて置き、ラップを広げてのせ、厚さ5mmくらい、直径23cmくらいにのばす（a）。縁を少し薄くする。

4 縁を3cmほど残していドライいちじくとくるみをのせ、ひよこ豆クリームをその上にのせて広げ（b）、表面をならす。

5 オーブンシートを持ち上げながらタルト生地の縁を内側に折り込み（c）、てんさいグラニュー糖を全体にふる。

6 オーブンシートごと天板にのせ、170〜180℃のオーブンで25分ほど焼く。

ひよこ豆クリームの
トーストサンド

そのまま食べてもおいしいひよこ豆クリームを、
パンにたっぷりはさんでカリッとトーストします。
クリームを味わうシンプルな食べ方。

材料・1人分
パン（ここではブール） … 薄切り2枚
ひよこ豆クリーム（p.61参照） … 適量
シナモンパウダー … 適量

1 パン1枚にひよこ豆クリームをぬり、シナモンパウ
ダーをふり、もう1枚のパンでサンドする。

2 フライパンに**1**を入れて火にかけ、両面きつね色
になるまで焼く。

3 食べやすいように半分に切る。

白いんげん豆クリームの
アイスクリーム

白いんげん豆クリームにココナッツミルクと
メープルシロップを加えたヴィーガンアイスクリーム。
甘さはメープルシロップで加減してください。

材料・作りやすい分量
白いんげん豆クリーム（p.61参照）… ½量
ココナッツミルク … 大さじ4
メープルシロップ … 大さじ2

1 すべての材料をボウルなどに入れ、ハンディブレ
ンダーで攪拌してなめらかにする。

2 保存容器などに入れ、冷凍庫で冷やし固める。途
中、2回ほどハンディブレンダーで攪拌して空気を
入れる。

3 アイスクリームディッシャーなどですくって器に盛
る。

白いんげん豆クリームの白玉

つるんと口当たりのいい白玉だんごと白いんげん豆クリームを取り合わせた、
やさしい味わいの和風スイーツ。黒豆クリームで作ってもおいしい。

材料・2人分
白いんげん豆クリーム（p.61参照）
　… 適量
白玉だんご
　白玉粉 … 100g
　水 … 100㎖前後
松の実 … 適量

下準備
・松の実は130～140℃のオーブンで
　10分ほどローストする。

1 白玉だんごを作る。ボウルに白玉粉を入れ、水を少しずつ加えて混ぜ、耳たぶ程度のかたさにこねる（a）。小さめのひと口大に丸め、真ん中を少しへこませる。

2 鍋に湯を沸かし、**1**を入れ、浮いてきたら30秒～1分ゆで（b）、冷水にとって冷ます。

3 水気をきってボウルに入れ、白いんげん豆クリームを入れてあえる。クリームは多めに入れたほうがおいしい。

4 器に盛り、松の実を散らす。

黒豆クリームのみつ豆

自家製寒天と黒豆クリーム、ラム酒入り黒みつの組み合わせが最高！
フルーツは好みのものでOK、豆腐バニラクリーム（p.7参照）を添えても。

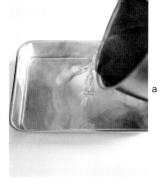
a

材料・2人分
黒豆クリーム（p.61参照）… 適量
寒天（作りやすい分量）
　│ 粉寒天 … 小さじ½強
　│ 水 … 1½カップ
ラム酒入り黒みつ（作りやすい分量）
　│ 黒みつ … 100mℓ
　│ ラム酒 … 小さじ½
ゆで黒豆（あれば）… 少々
いちじく … ¼個

1 寒天を作る。鍋に水と粉寒天を入れて火にかけ、沸騰したら弱火にし、混ぜながら2〜3分煮る。火から下ろし、バットに流し入れ（a）、粗熱が取れたら冷蔵庫で冷やし固める。

2 黒みつをボウルに入れ、ラム酒を加えて混ぜる。

3 寒天が固まったら、包丁で1.5cm角に切る（b）。

4 <u>3</u>をスプーンですくい（c）、器に盛って黒豆を散らし、黒豆クリームをのせる。いちじくを縦半分に切って添え、ラム酒入り黒みつをかける。

b

c

a

b

c

d

黒豆クリームの求肥

もっちりとしてやわらかい求肥で、黒豆クリームを包みます。
手作りの求肥のおいしさは格別。鍋の中でよく練るのがポイントです。

材料・4個分
求肥
| 白玉粉 … 50g
| 水 … 120mℓ
| てんさい糖 … 65g
片栗粉 … 適量
黒豆クリーム（p.61参照）… 適量
きな粉 … 適量

下準備
・バットに片栗粉をたっぷりめに
　入れてならす。

1 求肥を作る。ボウルに白玉粉を入れ、水を加えてゴムべらでよく溶かす。ざるでこしながら鍋に入れ、混ぜながら弱火にかける。固まってきたら火から下ろし、よく練り混ぜる。

2 なめらかになったら半量のてんさい糖を入れ、再び弱火にかける。まとまってもったりしてきたら（a）、火から下ろしてさらによく練る。

3 残りのてんさい糖を入れて再び火にかけ、まとまってきたら火から下ろし、よく練る。

4 片栗粉を入れたバットに流し入れ（b）、上からも片栗粉を全体にふる（c）。粗熱が取れたら冷蔵庫で冷やす。

5 4の求肥を長方形に切ってまな板の上に置き、黒豆クリームを適量ずつのせ、半分に折る（d）。器に盛り、きな粉を茶こしでふる。

今井ようこ　Yoko Imai

製菓学校を卒業した後、(株)サザビーリーグに入社、アフタヌーンティー・ティールームの商品企画・開発を担当。その後、独立。現在は商品開発やメニュー開発、パンやケーキの受注を行うほか、マクロビオティックをベースにした料理教室「roof」主宰。著書に『ヴィーガンだからカンタン 体にやさしい Roofのごほうびクッキー』、『豆腐、豆乳、豆乳ヨーグルトのおやつ』(ともに文化出版局)などがある。

https://www.roof-kitchen.jp/
Instagram @arameroof

デザイン	遠矢良一(Armchair Travel)
撮影	邑口京一郎
校閲	田中美穂
編集	松原京子
	浅井香織(文化出版局)

プリンティングディレクター　杉浦啓之(TOPPAN)

卵も乳製品も使わない
体にやさしいクリームのおやつ

2023年12月21日　第1刷発行

著　者　今井ようこ
発行者　清木孝悦
発行所　学校法人文化学園 文化出版局
　　　　〒151-8524　東京都渋谷区代々木3-22-1
　　　　電話03-3299-2565(編集)
　　　　　　 03-3299-2540(営業)
印刷所　TOPPAN株式会社
製本所　大口製本印刷株式会社

文化出版局のホームページ　https://books.bunka.ac.jp/